悦读名品
make magic media

心安集

李永坤
吕一丁 著

化学工业出版社
·北 京·

图书在版编目(CIP)数据

心安集 / 李永坤，吕一丁著.
北京：化学工业出版社，2016.6（2022.4 重印）
ISBN 978-7-122-27029-0
Ⅰ.①心… Ⅱ.①李…②吕… Ⅲ.①银行-金融产品-营销-案例 Ⅳ.①F830.4

中国版本图书馆CIP数据核字（2016）第096910号

责任编辑：罗 琨
责任校对：陈 静
装帧设计：尹琳琳

出版发行：化学工业出版社
（北京市东城区青年湖南街13号 邮政编码100011）
印 装：凯德印刷（天津）有限公司
880mm×1230mm
1/32 印张6 字数 180 千字
2022年4月 北京 第1版第2次印刷

购书咨询：010-64518888
售后服务：010-64518899
网 址：http://www.cip.com.cn
凡购买本书，如有缺损质量问题，本社销售中心负责调换。

定 价：45.00元

c o n t e n t s

心安集

目录

c o n t e n t s

心安集

目录

c o n t e n t s

心安集

目录

contents

心安集

目录

让伤痛不再扩大

前段时间，我看到《深圳晚报》的一篇报道：在深圳罗湖区莲塘，一位63岁的母亲跳楼自杀。她希望用这种方式得到保险公司30万元的赔偿，来治疗儿子的强直性脊柱炎。

然而，老母亲并没有想到，自杀并不能获得保险公司意外险的赔偿，而且这份保险去年已经过期。母亲的死亡把本来就已经很困难的家庭推到了更加绝望的境地。

这篇新闻令人唏嘘不已。我在为这位爱子如命的伟大母亲献上十二分敬意的同时，却不得不承认，用这种方式来挽救儿子的性命，实在是太沉重了。不仅她的儿子承受不起，整个家庭、整个社会也承受不起。

为什么在人们的物质生活水平已经有了极大提升的今天，还会有人为了这些钱而走上绝境？

为什么在崇尚健康养生的现代，还会有人试图用自己的生命来延长另一个人生命？

难道没有其他更好的方式吗？

有人可能会觉得，这个案例太极端。

可能当类似的疾病风险发生时，更多的家庭会用其他的方式来解决，比如把房子卖掉、把多年的积蓄用完、挪用孩子的教育准备金……我想这只是换了另外一种沉痛的方式罢了。

那么有没有代价更小，对正常生活的影响更小的方法呢？

从经济的角度讲，除了保障类的人寿保险，应该没有更好的选择。也就是说，遇到类似的事件，足够的保险是保障家庭经济生活稳定的最佳方法。

作为一个从业二十多年的老保险人，今天看到这样的报道依然会心痛。因为我们知道，只有每个人都购买足够的人寿保险，才可能杜绝这样的悲剧再次发生。

英国前首相丘吉尔曾经说过：“如果我办得到，一定要把‘保险’这两个字写在家家户户的门上，以及每一个公务员的手册上。因为我深信，通过保险，每个家庭只要付出微不足道的代价，就可以免遭万劫不复的灾难。”真希望有一天，在我们的国家，人人有保险，家家有保障。如此，这个社会才能更和谐，每个人才能毫无顾虑地追求自己的“中国梦”。

作为一个保险行业的“老教练”，我的主要工作就是训练销售人员，如何把最正确的保险理念，用最质感的方式传递给用户。

在这本书中，我挑选了自己在教练工作中积累的 13 个小故事。谨以此献给那些在寿险行业努力拼搏的人们。这是一群和时间、和风险赛跑的“运动员”。他们持续努力地奔跑，去降低类似悲剧发生的可能性。这是多么有意义的行业使命与人生价值！

我们给这本书起名《心安集》，是希望它能将保险的重要性传播给更多的家庭，帮助他们及早规划，并因为妥善地转移了风险而多一份心安。万一风险来临，也能有足够的资金从容应对，而不是使一个本来幸福完整的家庭被肢解的悲剧再次上演。

最后，祝福我们亲爱的祖国，祝福生活在这片土地上的每一个可爱善良的人，也祝福那些经常被拒绝但仍然坚持自己信念的寿险从业者们。

愿和大家一起，通过我们的努力，让每一个家庭更幸福。

当生、老、病、死不可避免地发生时，
让病者的伤痛不再扩大，
让老者的生命拥有尊严，
让逝者的真爱得以永续，
让生者的未来充满希望。

李永坤

2016年3月29日

你若失去了财产——你只失去了一点儿。
你若失去了荣誉——你就丢掉了许多。
你若失去了勇敢——你就把一切都失掉了！

——歌德

故事一

心安集

我有房子，不需要买保险

在很多城市，有两三套房子的人不在少数。很多人也因此觉得，有这些房子应对将来的不时之需就已足够，还有什么必要买保险呢？

心安集

Peace of mind

吴太太是一个北京的“有房者”：自己住一套，还有两套投资房。她跟业务员小张说，将来如果真的有什么大事要花很多钱，她就卖一套房子。

像吴太太有类似想法的房产投资者不在少数。

房产作为人生中的重要大额消费品和投资品，在实现财富的保值和增值的同时，在心理上给人带来了安全感的满足。那么，如果为了应对风险而把房子卖掉，安全感会不会受到影响？有没有比卖房子代价更小的办法来解决人生中遇到的风险呢？

我们来看看小张和吴太太的对话。

张：吴姐，您的意思是说，如果将来有什么不好的事情需要花很多钱，您就卖房子喽。

吴：是啊。一套房子怎么也能卖几百万，不管什么事情，也够了吧。

张：吴姐，您这些年在房产投资方面真是积累了不少经验，我想请教您几个关于房子的问题。

吴：好啊，你说。

张：您觉得北京的房价未来会是什么样的走势呢？

吴：我觉得，一线城市的房价怎么着也不会往下跌。特别是北京，全国只有一个北京啊。

张：那是现在买房子成本比较低，还是未来买房子成本比较低呢？

吴：当然是现在买啦。所以我一般都跟人建议，包括你也是——遇到合适的房子，不要犹豫，买就对啦，因为越往后买越贵。

张：那吴姐，您还记得您买了第一套房子之后的感觉，和没房子时相比，有什么不一样吗？

吴：第一次有自己房子的感觉可好了——可算踏实了，终于不用担心房东再涨价了，也不用总搬家了。

您还记得有了第一套房子以后是什么感觉吗？
终于不用担心房东涨租啦！

张：那后来为什么又买第二套、第三套呢？

吴：后来也是遇到合适的机会就买的。反正钱放在那也没有什么好的投资渠道，买房子投资还是比较靠谱的。

张：那有了第二套、第三套房子之后又是什么感觉呢？

吴：有三套房子心里就更踏实啦。

张：也就是说，有三套房子，比有一套房子更踏实。

吴：对啊。

张：按您刚才讲的，如果将来遇到什么不好的事情需要用钱，就卖一套房子来解决。那么，卖了房子后，您的踏实感会不会减少？

吴：肯定没那么踏实了。

张：那您还会不会想办法再买回来？

吴：如果有合适的机会，钱也够，我应该还会再买的。

张：那还能用原来的价格买回来吗？

吴：肯定是不能的。

张：这样子是不是代价有点大？如果有代价更小一些的办法，您要不要考虑不卖房呢？

吴：哦？什么办法？

张：您只需要每年拿出几个月的房租，给自己买一份保险。

如果将来万一因为大病或者意外需要很多钱的时候，保险公司会给您支付一大笔钱，来解决这方面的问题。

如果一直没有这样的风险发生，这部分钱也会在您退休以后，在合同约定的年龄，连本带利一起返还给您。

您看这种方法，是不是比卖房子代价更小呢？

每年拿出来几个月的房租，给自己买份保险。有事赔大钱，没事还您钱，这种方法，是不是比卖房子代价更小呢？

面对重大疾病和意外风险，从经济的角度讲，没有什么方式比购买保障类保险代价更小。因为无论是用房产还是自己的资金来解决这种小概率但是会造成重大经济损失的问题，都是风险“自留”的做法；而保险则是用“以小博大”的杠杆方式，把风险有效地“转移”出去。

聪明如你，是会选择“自留”还是“转移”呢？

人变老其实并不意味别的，只意味着不再对往事感到害怕。

——茨威格

故事二

心安集

如何准备我的晚年？

随着老龄化问题的日益凸显，养老成为越来越被大家关注的一个话题。无论是延迟退休，还是“二孩”政策，都在向民众传达这样一个信息：养老不能再单纯指望政府，自己解决才是正道。

心安集

Peace of mind

在社会日益老龄化的今天，越来越多的客户想要去了解养老保险。然而，有些客户看完产品后，会觉得养老保险的回报率不高。毕竟在这个互联网金融风生水起的年代，拿到高回报的产品，似乎比以前容易得多，门槛也低得多。

养老金的准备是一个漫长的理财过程，在这个过程中，回报率是不是最重要的？究竟还有哪些因素是必须要考虑的呢？

梁先生在一个大外企工作，刚刚响应了国家政策，有了二胎。虽然梁先生有社保，但是他很清楚地知道，社会养老保险不足以满足他对生活品质的要求。于是他希望从商业保险中找到解决方案。但养老险的回报率却成为他犹豫不决的障碍。

让我们来看看小张和梁先生的对话。

张：梁先生，您是觉得养老险的回报不是很高对吗？

梁：对啊，这些年市面上的金融产品很多，我之前投资的几个产品年化收益都在8%以上的。

张：看来您在这方面真的是做了很多研究。我想请教您一下，在您投资的这些金融产品中，您觉得哪个是最好的呢？

梁：很难说哪个产品“最好”。

张：是不是回报率越高越好？

梁：回报率只是一方面啦。一般我会综合考量许多因素。

张：比如说哪些因素呢？

梁：比如这个机构的投资背景、这个投资标的的风险性、我自己对这笔钱使用周期的预期等。

张：梁先生，您在这方面真的是好专业，看来您的每笔投资都是经过深思熟虑的，怪不得一直收益这么好。那我能不能这样理解——这市场上没有最好的投资产品，只有最适合的投资产品？

梁：对的，确实是这样。

张：所以我们要根据钱的不同用途选择最适合的理财产品，您同意吗？

梁：同意。

张：那我们今天就来探讨一下，怎样确保咱们退休后有一个很有品质的晚年。

梁先生，按照您现在对退休后的设想，您觉得退休后每个月要多少钱，才比较符合您的生活标准？

梁：不考虑房子的费用，起码每个月要两万元生活费。

张：这两万元都包括什么呢？

梁：吃穿用度，基本的医疗费，还要有些娱乐……此外，每年至少要一次国内游、一次国外游吧，这些费用也都要算进去。

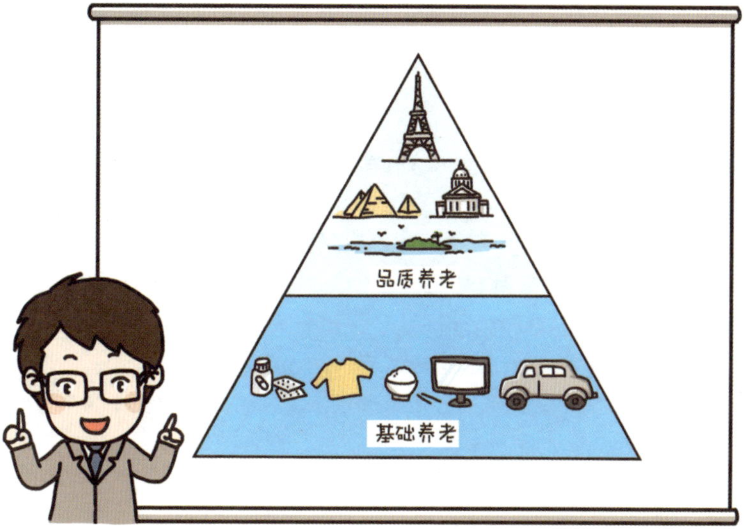

张：好的，我了解，那我给您画张图好吗？

好比说，这个三角形是您打算给未来准备的养老的花费。像您刚才说的这些花费，有一些是刚性的、必须要花的，比如衣食住行和医疗费。有些则是弹性的：有它当然最好，如果没有的话，或者少一些，关系也不太大。比如旅游和娱乐的费用。

梁：同意。

张：我们把必须要花的部分叫"基础养老"，把弹性的部分叫做"品质养老"。

张：按照您现在的标准，您希望未来“基础养老”的部分每月有多少钱？“品质养老”的部分每月又有多少钱呢？

梁：基础的部分每月得一万元吧。品质的部分，当然越多越好啦。

张：所以，这每月一万元是必须要花的钱，剩余的则是锦上添花的钱，对吧？

梁：对的。

张：我现在再给您画一张图。

如果我们把投资理财的渠道根据风险性分类的话，可以分成两种：

一种是“保本保利”的，即确定的渠道。虽然其利率不会很高，但无论本金和收益都是确定的。

另一种是“不保本不保利”的，即不确定的渠道。它的预期收益可能会很高，但收益和本金都是不确定的。

您觉得“基础养老”的部分是应该用确定的渠道还是用不确定的渠道呢？

投资理财渠道
可以分为两大类
确定
(保本保利)
不确定
(不保本不保利)

梁：当然是确定的渠道啦。

张：也就是说，确定的理财需求我们要用确定的渠道来准备；而不确定的渠道，则用来准备我们的品质养老。对吧？

梁：对的。

张：您看，这样我们就把投资风险和基础养老分开了。

用确定的方式准备这部分一定要花的钱，也就是基础养老的费用；

用不确定的渠道，准备锦上添花的部分，也就是品质养老的费用。

张：不过，养老金毕竟有一个漫长的准备过程。到您退休大概还要一二十年的时间，您觉得在这个准备过程中，我们最大的敌人是谁？

确定的理财需求由
确定的渠道来准备。
品质养老
基础养老
确定
(保本保利)
不确定
(不保本不保利)

人生苦短，
要即时享受！
要自律，就
要延迟满足！

梁：是谁？

张：是我们自己，就是人性。

梁：人性？

张：人性中有个特点叫“即时享受”。当我们有了钱以后，要么去花钱追求更多的物质享受，要么去追求更高的投资回报。前者会带来资金的挪用，后者则会伴随投资中不确定的风险。这些都会影响到“基础养老”的确定性。

所以，保险产品的设计就是帮助人们克服人性的弱点，在这个漫长的准备过程中，做到“专款专用”。

张：您看，我给您建议的这个养老险产品，就是按照“保本保利、专款专用”这八个字，确保您退休后有一笔一定可以拿到的钱。它是确保您将来有品质的晚年生活必不可少的基础。

基础养老要遵照“保本保利，专款专用”的原则去准备。

由于其本身的特性，没有任何一款金融产品能够同时兼顾安全性、收益性和流动性的优势。因此在做长期、高额的理财规划时，资产配置是非常必要的。经典理论的建议是“三三法则”，即在低风险、中风险和高风险这三类资产上采用三等分配置。当然具体的分配比例要因不同人的风险偏好、年龄、需求而异。

因此，在养老金的准备中，“按比例分配”是必须要遵守的原则。同时，养老金也是人生中最长期的一个财务规划。要克服人性的弱点，必须要“专款专用”。因为在约定的时间之前不易支取，保险产品因此在这个准备过程中发挥了不可或缺的作用。

一个人从另一个人的诤言中所得来的光明，比从他自己的理解力、判断力所得出的光明更为干净纯粹。

——弗兰西斯·培根

故事三

心安集

自己有企业就不用买保险？

这些年，有越来越多的人投身商海，自己创业。他们在财富提升的同时，也拥有了自己独立的事业平台。很多这样企业主，因为自己的企业做得很成功，会觉得以自己的经济实力，医药费不是问题。因此判断自己不需要买保险。

心安集

Peace of mind

为什么还会有一些企业主购买高额的人寿保险呢？保险对与企业主来说，只是医药费报销吗？

王太太是业务员小张的中学同学，两人认识了 20 多年。她和先生一起开了一家连锁餐厅，有十几家分店，一年收入三四百万。

王太太自己对保险比较认可，这些年也陆续给自己和孩子买了一些保障类的产品。她觉得自己和孩子的保障已经够了，就一直想给自己的先生也买一些保险。但王先生觉得保险没用。太太买保险自己不反对，只要太太开心就好。但是自己不会买，因为自己家里有企业，医药费什么的都不是问题。

在这个案例中，作为家中的女主人，王太太有一定的财务自由度，同时也有很好的保险观念。小张如果只是想成交一些保单，只需要跟女主人沟通，定期为她进行保单体检，检查她的保障额度能不能满足自己的需求。但这并不能从根本上解决这个家庭的风险问题。如果要为这个家庭建立全面的风险保障规划，还要和王先生沟通。

过完春节，小张有机会见到王太太全家，就想借机会和王先生谈谈，看能不能改变他的观念。

张：王先生，节前我听您爱人说你们春节要去夏威夷度假，后来我看到朋友圈的照片，好漂亮啊。你们哪天回来的?

王：初四就回来了。

张：怎么不多待两天呢?

王：我有几个在商场的门店，春节都不能打烊，其余那几个也是过完初五就开业了。这边一大堆事，我们在岛上待着心里也不踏实，所以就早早回来啦。

张：我真是佩服你们俩。这十几年看你们从无到有，这么一点点打拼，有了现在这么大的规模。现在分店多了，我以为你们终于可以放手不管，给自己放长假了，哪知道还这么努力。

王：你是不知道，我们这企业虽然不算大，也好几百号人呢！

我每天一睁眼，就得给这些员工打工，然后再给房东打工，根本停不下来啊。

张： 我以前也听人说过，在餐饮业中，至少三分之一的毛利都给了房东，没想到真的是这样。

王： 所以啊，餐饮业挣的就是个辛苦钱。

张： 确实是，就像有首歌里唱的那样："没有人能随随便便成功"。

张：王先生，我们现在做个假设啊。如果现在有人请您去夏威夷待几年，一年给您几百万元，但前提是您这几年得脱离您现在企业的日常管理，您会考虑吗？

王：开玩笑？！要有这么好的事情，我当然去啦。

张：如果请您去夏威夷待几年，脱离企业，但是不给钱，您会去吗？

王：那肯定不可能去啦。

张：可是王先生，我有点不明白。看您之前的安排，我觉得有这样一种可能：当某件事件发生时，您会离开企业的日常管理，而且额外的钱您一分也不要。

王：什么情况？

张：那就是有意外或者疾病发生的时候。任何人发生这种情况时，都不得不离开工作。一边要支付看得见的医药费，一边还要承受“看不见”的损失。

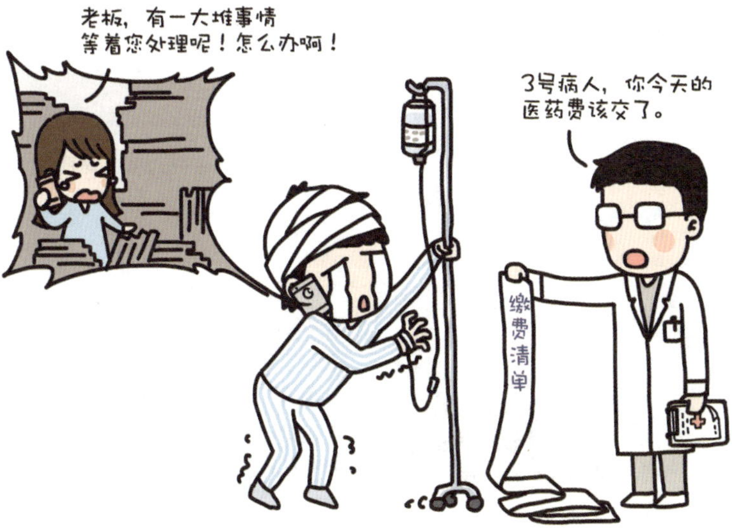
老板，有一大堆事情
等着您处理呢！怎么办啊！
3号病人，你今天的
医药费该交了。
缴费清单

张： 我之前给您爱人做的保单，主要的作用就是将来万一有需要时，用来弥补收入损失。但事实上，和您爱人相比，如果您离开管理工作，对企业、对家庭的损失更大，不是吗？

王： 你一直跟我爱人说的保险原来是这个用途啊，我以为就是报销医药费的。

张： 如果只是报销医药费，您家现金流那么好，当然不需要啦！那种是普通工薪阶层需要的保险。而您需要的是企业家的保险，是如果有意外或者疾病发生时，一笔用来弥补您时间损失的钱。

张：而且，这张保单还有一个很重要的功能，就是为您的企业和家庭之间建立一道风险的“防火墙”。

王：防火墙？

张：我国的《保险法》《合同法》和《继承法》中都有相关的规定：人寿保险的理赔金是债务人自身的债权；任何单位和个人不得非法干预保险人履行赔偿或给付保险金的义务，也不得限制被保险人或受益人取得保险金的权利。也就是说，人寿保险的理赔金是受益人，也就是您家人的个人资产，不会受到企业经营风险的侵蚀。这也是很多像您这样的企业家，购买保险的原因之一。毕竟，我们这么努力工作，不就是为了爱人和孩子能够有更好的生活吗？

王：有道理，看来这保险确实值得认真研究一下。

企业主和普通工薪阶层购买保险的理由和动机往往有很大的不同。对于企业主来说，几十万甚至上百万元的医药费在经济上可能都不是问题。但是风险并不仅是医药费。意外和疾病一旦发生，侵占的是高价值的工作时间，这个损失之大是很难用金钱来衡量的。而高额的保障类产品，其功能就是用来弥补工作时间中断带来的损失。

企业主同时面对的还有企业的经营风险。如果没有合理的风险规划，企业风险也会影响到家庭的经济生命。一旦企业发生重大的经营风险，很可能使这个家庭多年积累的财富化为乌有。

而人寿保险作为一种资产保全工具,具备一定的对抗债务能力。通过对保险险种的合理选择，对投保人、被保险人和受益人身份的安排、设计，便可为企业主在企业和家庭之间筑立一道有效的风险“防火墙”。

在时间的大钟上，只有两个字——现在。

——莎士比亚

故事四

心安集

等结婚后再说

"等婚后再买保险"是许多未婚男女，

特别是女孩子经常有的一种想法。

心安集

Peace of mind

“等婚后再买保险”是许多未婚男女，特别是女孩子经常有的一种想法。一方面，结婚后小家庭抗风险能力弱，需要保险来保障双方的风险；另一方面，让先生给自己买保险，也是先生爱自己的一种证明。

那么，保险到底应该在婚前买还是婚后买呢?

陈小姐在一家外企工作，有一个感情很稳定的男朋友。两个人也到了谈婚论嫁的阶段。

一次，业务员小张和陈小姐谈保险，建议她趁年轻买保险，这样保费也比较划算。陈小姐却觉得，等过段时间结了婚再买。

陈小姐的这个想法很常见，也很能理解。在这个年龄，有爱情、有事业、又单身，是最潇洒自由的时候。而结了婚以后，多了一份责任，那时候再做风险规划才是比较必要的。

事实上，她这样的想法忽略了一个点，就是她的父母。父母辛苦二三十年将自己抚养成人。身为子女，如果没有做好风险规划，一旦发生任何意外或者疾病，损失都需要父母来承担。这样一来，别说回报父母，可能还需要父母搭上自己的养老钱。这让含辛茹苦一辈子，已到暮年的父母情何以堪？

我们看看小张是如何让陈小姐意识到这一点的。

张： 陈小姐，你的意思是说你一定会买保险，只不过你想等到结婚后再投保，是不是？

陈： 是啊！

张： 为什么要等到结婚后再买呢？

陈： 到那时保费可以请我先生付。

张： 如果到那时，他不付保费，你会自己拿钱来买保险吗？

陈： 嗯……不一定。

张： 也就是可能会自己拿钱来买，也有可能干脆不买啰？

陈： 应该是吧！

张： 没关系，不管你到时候会不会自己买，也不管是你或你先生拿钱出来买，“买东西”，尤其是买一个这么长久的东西，最重要的就是想清楚到底值不值得，对吗？

陈： 对啊！

张： 我可不可以再请教一下，如果你会买保险，你会因何而买呢?

陈： 嗯……应该是“保障”吧!

张： 也就是说，“保障”对于每个家庭成员来说都是很重要的。

陈： 没错。

张：婚后，夫妻二人的保障对家庭都很重要。这是因为现在大多是“双薪小家庭”，禁不起任何意外的风险。

陈：对啊，所以我觉得现在我单身，还不需要买保险。

张： 陈小姐，我倒觉得单身族比已婚人士，甚至为人父母者更需要保险。让我分析给你看，好吗？

一个已婚的人，如果躺在病床上，还有另一半可以来照顾，如果子女年纪够大还可以帮帮忙。

陈： 为什么呢？

张： 一个已婚的人，如果躺在病床上，还有另一半可以来照顾，如果子女年纪够大还可以帮帮忙；而对未婚的人来说，谁来照顾自己？男（女）朋友？会来照顾吗？如果会，又能坚持多久？

未婚的人，谁来照顾自己，男（女）朋友？会来照顾吗？如果会，多久？老爸？老妈？有体力吗？金钱够吗？

作为子女的难道就忍心眼睁睁看到这样的现象发生吗？
呜呜呜……没有人会忍心的。

相信在这种情况下，能够一直陪伴我们的，只有自己的父母。可是作为子女，难道忍心看自己年迈的父母这样操劳，甚至搭上自己晚年的积蓄吗?

陈：没有人会忍心的……

张：其实，只要在婚前投保，每个月多出一点点的费用作为保费，就可以避免这种现象的发生。做好自己的风险规划，不再让父母亲增加不必要的负担，这是给父母最基本的回报。

而且现在投保，不但婚前有保障，婚后也有保障。现在买，用的虽然是自己的私房钱，却可以减除婚后财务的负担，无形中更是一笔只属于你们未来家庭的资产。更重要的是，现在投保，不仅保费便宜许多，又能多用好几年（婚前这段时间），真是一举数得，何乐而不为呢?

陈：你说的很对，我现在就投。

其实，只要在婚前投保，每个月多出一点点的费用，就可以避免这种现象的发生。而且现在投保，保费便宜许多，又可以多用好几年（婚前这段时间），何乐而不为呢？

每一个朝气蓬勃的年轻人背后，都有含辛茹苦的父母，几十年如一日为子女的成长付出。可是子女在年轻的时候，总是忙着工作、忙着恋爱、忙着“征服世界”，却常常忘记父母在不知不觉中已然苍老。而当我们在最无助最脆弱的时候，当朋友或情人都可能渐渐远离的时候，父母一定是最后留在我们身边支持我们的人。他们是最爱我们的人，我们又怎能给已经老迈的父母再添负担？

现在年轻人，婚前自力更生不容易，婚后养家糊口更吃力，要做到孝顺父母则更难。既然如此，若能把可能发生的风险事先规划好，避免给父母造成沉重的负担，就是对父母最实际的孝顺。

当爱支配一切时，权力就不存在了；
当权力主宰一切时，爱就消失了。
两者互为对方的影子。

——荣格

故事五

心安集

给孩子陪伴一生的爱

很多父母最初想要了解保险，往往是因为孩子——给孩子规划教育金或者把家庭财富更好地传承给孩子。但有些客户在看过产品，并认真计算过以后，又觉得保证收益的部分利率太低了，不如自己做生意或投资来得划算。

心安集

Peace of mind

为什么会有人给孩子购买教育金或财富传承类型的保险呢？

父母给子女买保险，都还需要关注哪些因素呢？

对于子女未来的财务准备，难道，真的是只考虑收益吗？

还有没有其他因素，是这个准备的过程中，不可或缺的呢？

苏先生是一家上市公司的财务总监，有一个四岁的女儿。他在给女儿购买保险的过程中也产生了类似的疑问，我们看看小张是如何为苏先生化解疑惑的。

张： 苏先生，您是觉得这个产品的回报没有您自己做投资的收益好，对吗？

苏：是的。保证收益的部分没我自己做投资的回报高，分红又是不确定的，所以我基本不考虑。

张：苏先生，您果然专业。确实是，保险产品属于中低风险的金融产品，所以保证部分的利率确实不高。

这里想跟您确认一个问题：不管您最终会不会选择保险产品，您也会选择用其他的方式来给女儿留一笔钱，照顾她未来的生活，对吗?

苏：对啊，确实是。

张：那这些留给她的钱，您是打算让其“用多久照顾她多久”，还是“她活多久照顾她多久”？

苏：你说什么?

您是打算留给她的钱是"用多久照顾她多久"。还是她"活多久照顾她多久"？
你说什么？

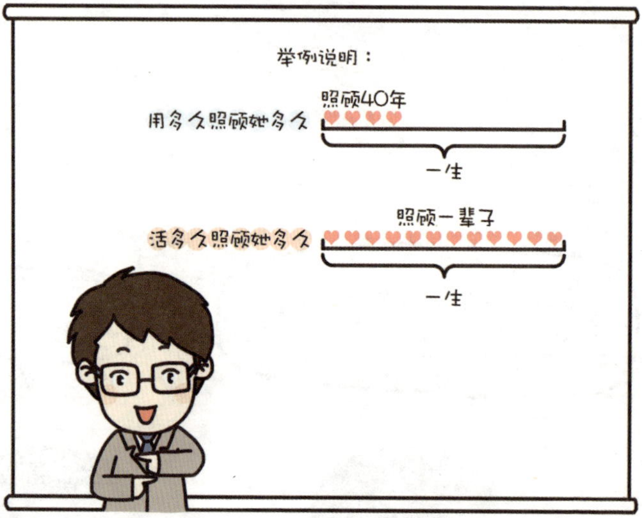

张：我给您画张图，好吗？

好比这条线代表人的生命，一直到90岁。您想给女儿留一些钱，让她生活没有后顾之忧。一种情况是，您给她的这笔钱，好比说她用了40年，就是照顾她40年。也就是“用多久照顾她多久”；还有一种情况是，这笔钱一直照顾她一辈子，也就是“活多久照顾多久”。您会选择哪一种呢？

苏：当然是第二种啦！

张： 那我们再假设另外一个情形。好比说，您女儿现在高中毕业了，要出国读书。您帮她交了学费，把她送到国外，安排好住宿。临走前，是不是会留给她一张卡，卡里是她的生活费？

苏： 当然啦。

张： 国外读书，生活费可少不了。假设，一个月 1500 美元，一年就是 18000 美元，四年就是 72000 美元。折成人民币大概四五十万元。

您有三种方式可以给她这笔钱：

第一种是一次性给她这么多钱；

第二种是每年给她两万美元，也就是十几万元人民币；

第三种是每两三个月或半年给她一次生活费。您会选择哪种方式呢？

苏： 肯定选择第三种啦。

张： 为什么不选择前面两种呢？

苏： 女孩子一个人在外面，给她那么多钱，我实在是不放心。

苏先生，既然您连几十万元都不放心一次性给她，将来怎么能放心一次性给她几百万元，甚至更多呢？
哦～我明白了！

张： 不放心什么呢？

苏： 当然是怕她乱花钱啦，也怕被不好的人盯上。

张： 苏先生，既然您连几十万元都不放心一次性给她，将来怎么能放心一次性给她几百万元，甚至更多呢？

苏： ……

张： 我给您做的这个规划，正是从这一点去考虑的。这笔钱会在约定的时间，定期地给您的女儿，让您对她的照顾细水长流，陪伴她一辈子。而且，在没有到约定时间前，这笔钱因为不太容易支取，所以更能帮您实现“专款专用”。同时，这笔保费在您的投资总额中，只是占一部分，但这是确保您女儿“活多久就能被照顾多久”的一笔钱。您其他的资产做高回报的投资，也可以更加高枕无忧。这样的做法，正是应了您很熟悉的那句话“不把鸡蛋放在同一个篮子里”。您看这种配置是不是很必要呢？

这笔钱会在约定的时间，分次给您的女儿，确保她“活多久就被照顾多久”。让您的爱细水长流。

父母给子女买保险，一般会出于三个原因：风险保障，教育金规划和财富传承。对于风险保障，重大疾病、医疗或者意外类的保险产品，都是很好的选择。而教育金规划和财富传承，作为家庭财务规划的两个重要方面，我们要考虑收益性、安全性以及资金的提取方式，即流动性。

保险虽然在回报率方面不占优势，却具有安全性高、专款专用、分次领取的优点。通过保险和其他金融产品的合理配置，制定出一个全面的家庭财务规划，才能在财务上为子女勾勒一个稳妥的未来。

一棵树要长得更高，接受更多的光明，
那么它的根就必须更深入黑暗。

——尼采

故事六

我要换房子，等手头宽裕点再说

对大多数人来说，房子都是人生中最重大的一项开支。结婚买房，有孩子换大房，孩子上学换学区房……无论哪种情况，都意味着至少需要上百万元的资金。相比这样大额的刚性支出，保险似乎就是一件可有可无的事情。那么这两者之间究竟应该是怎样的先后顺序呢？

心安集

Peace of mind

李先生是业务员小张爱人的朋友，家里有一个在上幼儿园的小孩，以前从来没买过商业保险。一次，他给小张打电话，说现在手里有十几万元钱，想买理财产品，存个两三年。将来换房的时候拿出来用，收益比银行高一点就行，不能风险太大。小张向他介绍了五年满期的分红险，张先生看完后觉得期限太长，保证收益的部分不高，表示再考虑考虑。

李先生是北京典型的中产阶级，夫妻双薪，老人帮忙照看孩子。也因为这样，需要从原来适合两人住的小房子，换成适合三代人同住的大房子。 因此，换房是他这个阶段最关心的事情，而换房需要一大笔资金，如何在几年内实现这样一大笔资金的积累，是当下的焦点。但是李先生可能忽略了另外一个方面：有没有什么会影响资金积累的过程。这就是潜在的疾病或者意外风险。

少量的保费并不会影响他资金积累的进度。而保险“以小博大”的保障功能，则可以帮李先生准备一笔“能够确保他换房计划一定实现的钱”。而由于保险本身的特性，分红类的保险产品不具备在短期内实现财富增值的功能。因此在没有帮李先生理清他的需求和盲点之前，五年期的分红险显然是不符合他的需求的。但怎样确保换房目标不受健康及意外风险的影响，则是保障类保险可以解决的。

让我们来看看小张和李先生的对话。

张：李哥，上次您提到打算过两年换个大一点儿的房子，所以，今天我们谈谈换房，看我怎么能协助您，一定实现这个计划。

您现在是住两居，过两年打算换成什么样的房子呢？

李：具体要看那时候的经济状况和房价，但起码要换个一百平方米左右的三居。

张：还在这附近？还是换到其他地方？

李：我们这是学区，要没什么大的变化，就在附近找一套大的。

张：这附近要再买一套三居，起码得五六百万元。李哥，您还真是有实力。

李：哪有，我得先把现在住的房子卖了，再添点钱才能买大的。

张：就算卖了现在的房子，起码也得再准备一二百万元，才能买三居吧？能在两三年内攒出这么多钱，您真的是当之无愧的实力派。

李：这是没办法。我估计到时候钱不够，还得从银行贷点钱。所以才问你有没有什么回报比较高的理财产品嘛。

张：李哥，我想问您一个问题，换房这事儿能不能晚两年，或者不换？

李：那肯定不行。孩子过两年就上小学了，我们家连个让孩子写作业的清净地方都没有。而且孩子慢慢大了，也不能再跟我们一起睡了。说实话，我要是现在钱够，恨不得明天就换房。

张：我了解了。那我给您画张图好吗？您现在的资产状况，就好比说，您现在有一小桶水。您希望过两三年有五六百万元，就是变成一大桶水。对吧？

李： 对的。

张： 为了实现这个目标，您和嫂子一方面在努力赚钱，一方面，在找好的投资产品，希望多拿点利息。您和嫂子就好比我画的这两个水龙头，在不断地往桶里倒水。

张： 李哥，您觉得在这幅画中，发生什么事情，会影响水从一小桶变成一大桶呢？

李： 你说呢？

张： 一种情况是水龙头坏了；另一种情况是水桶漏水了。您说是不是？

张：现实生活中，如果发生意外风险，就好比水龙头坏了。而如果发生了重大疾病，则不光是水龙头坏了的问题：高额的医药费，就好比同时水桶还漏了个大洞。如果发生这样的情况，现有的水量都会快速减少，更别说攒一桶水了。

李：那你说的保险能解决这个问题？我现在换房的钱还凑不够，怕是也拿不出多余的钱来买保险。

张：李哥，我再问您一个问题，如果我每年从水管里接一小杯水出来，会对您攒一大桶水的目标有很大影响吗？

李：杯子如果很小，是不会的。

张：这一小杯水我接出来，先放在一边。如果水龙头坏了或水桶漏了，这一小杯水，马上就会变成一大桶水，倒进您这个大桶里。确保您实现这一大桶水的目标。如果水龙头没坏，水桶也没漏。这些积攒的水，则会在将来您退休以后，倒回您的大桶里。

李：这就是你说的保险？

张：是的。我今天给您规划的保险，就是一笔确保您换房计划一定能实现的钱。如果有意外或疾病发生，保险公司会给您支付一笔钱，弥补您的收入损失；如果没有意外或者疾病发生，您交的这些保费会在您岁数大了以后，加上一定的利息还给您。它不仅不会影响您的换房计划，而且能让这个计划的实现免受意外和疾病的干扰。您看这一小杯水是不是很重要？

李：对啊，这样看来确实是。那具体我应该做多少额度呢？

张：让我给您做个详细的规划吧。

这张保单就是一笔确保您换房一定能实现的钱，让您的换房计划免受意外和疾病风险的干扰。
保险

在中国的传统思维中，“水”代表财富。所以，我们这里用水桶、水杯的图画来代表李先生目前的财务状况、未来理财目标以及它们与保险金额、保险费用的关系。

人们在努力工作、拼命攒钱的过程中，常常聚焦在财富的增长量上，却忽略了那些有可能让我们的财富骤然减少的风险。因此，当家庭中出现类似换房、孩子出国读书等大项消费预算，或者需要申请大额贷款时，及时地检视并规划家庭的风险保障额度是非常有必要的。

一个好女人，能把男人变成快乐的人；
一个坏女人，能把男人变成哲学家。

——苏格拉底

故事七

你的“理财足球队”有没有守门员？

常常有一些客户因为要理财而开始接触保险，但又因为保险产品的回报率没有预期高而心生犹豫。追求高回报的投资没有错，但理财绝不仅仅等于投资。理财是理一生的财，除了要考虑收益，还包括人一生的现金流量与风险管理。

心安集

Peace of mind

故事七

你的“理财足球队”有没有守门员？

卢先生在一家证券公司工作，也是一位投资高手。有一天，小张和卢先生聊天，卢先生表示，保险产品的回报率很低，他不会考虑。小张知道卢先生是球迷，于是从足球领域找到了一个很好的切入点，开始和卢先生讨论这个话题。

张：卢先生，这些年的足坛，您最喜欢的前锋是谁？

卢：当然是梅西。08~09 赛季欧冠决赛，梅西的头球攻门简直是惊艳。

张：哇，我也特别喜欢梅西！他真是个完美的前锋。您觉得梅西最大的价值是什么？

卢：跑得快，进球稳、准、狠。

张：那您有没有喜欢的中场？

卢：中场我比较喜欢齐达内啦，他真是个足球天才。

张：是啊，他是个很难超越的中场。

张：那您有没有喜欢的门将?

卢：有啊，我喜欢卡恩。

张：为什么喜欢他?

卢：我觉得他是目前为止，世界上最出色的守门员。

张：对，我也特别喜欢他。

张：我们知道卡恩很长一段时间都在拜仁慕尼黑队踢球。好比说，有一天，拜仁的老板跟卡恩说：“卡恩，你在我们这儿待了这些年，怎么一个球都没进？”如果你是卡恩，你会怎么想？

卢：开什么玩笑！卡恩是守门员，他不是负责进球的！

张：对啊，我也是这么想。而保险就是卡恩。您不能要求卡恩进球，怎么能要求保险有高收益呢？

卢：怎么讲？

张：我先请教您一个关于投资的问题：您觉得在投资中，本金和收益哪个更重要？

卢：当然本金比收益更重要。

张：有什么事情会让本金受影响呢？

卢：当然是风险。

张：会是什么样的风险呢？

卢：投资市场的风险有很多啦，行业风险、企业风险、市场风险等。

张：对啊，这些风险可以归为一类，就是投资风险。我知道这方面的风险控制，您是专家。但除了这些，还有一类风险，也会让本金受损。

卢：什么风险？

张：就是人身风险，比如意外和重大疾病。这种风险的转移，保障类的保险是专家。保障类的保险能够通过杠杆的作用，用最小的代价最大程度转移我们可能面临的人身风险。就像这张图一样。

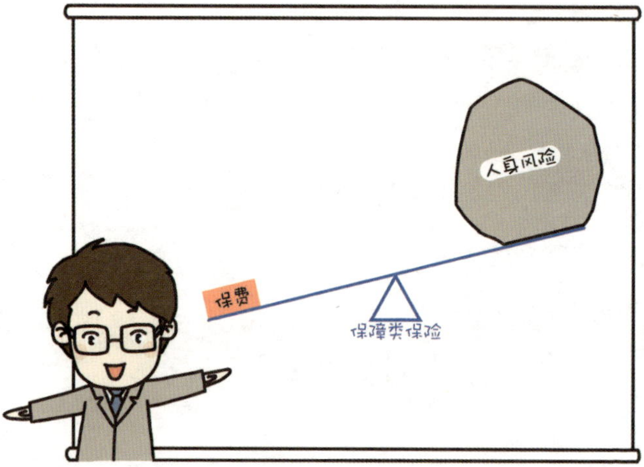

张：所以啊，股票是“用钱来赚钱”的工具，就像是您理财足球队的前锋，进球要靠它；而保险则是保障本金的工具，就像您的守门员，虽然它不进球，但能确保您不输球。

卢：这个比喻有意思，有道理！

故事七

您的"理财足球队"有没有守门员?

家庭理财的目标是使家庭的财务状况从健康到安全，从安全到自主，从自主到自由，最终实现现金流的顺畅、财富总量的提升。在这个过程中，不同类型的金融产品，通过组合配置，各司其职，构成一个完整的理财体系，就像一支“理财足球队”。

这其中，“高风险、高收益”类型的产品，比如股票、股票型基金、期货、贵金属投资、收藏品投资等，都属于前锋。中场则是“中等风险、中等收益”的产品，比如货币型基金、人民币理财产品、理财型保险等。存款和自用型住房，则基本上等同于后卫的作用。而最不可或缺，却又最容易被人们忽视的守门员，则是由保障类的保险来扮演。

您的家庭理财足球队，是否安排了值得托付的守门员呢?

唯有对自己卓越的才能和独特的价值有坚定、不可动摇之确信的人才被称为骄傲。

——叔本华

故事八

心安集

即使有“富爸爸”，我也要自强

改革开放造就了一批富人，如今他们的子女陆续长大，通常被人们称为“富二代”。他们含着金汤匙出生，衣食无忧，经济实力雄厚到足以应对所有常规的人生风险。他们是不是就不需要买保险了呢？

心安集

Peace of mind

有人说，“富二代”基本可以分为两种：一种躺在祖荫下坐享其成；另一种则自立自强，打拼属于自己的事业。陈小姐就是属于第二种类型的“富二代”，她在高中毕业后出国读书，学业有成后在一家外资公司做设计师。

业务员小张和陈小姐是中学同学，一次下午茶的聚会时，他和陈小姐聊起了保险。陈小姐觉得，凭自己家庭的经济实力，不需要买保险。

很多家庭条件很好的年轻人，都会觉得自己不需要保险。如果有什么风险发生，以家里的财产状况，也足以应对这些风险。对于第一种类型的富二代，这样的想法理所应当。但是对于像陈小姐这样独立的“富二代”，这样的想法却有自相矛盾之处。自立自强就是为了证明自己的工作能力和价值，即使不依靠老爸也能过得很好。但这和“如果有什么事情发生，用爸爸的钱来解决”不就冲突了吗？

我们来看看小张和陈小姐的对话。

我觉得你爸爸最伟大的地方，不是他多有钱，而是一直在支持你，做任何你想做的事情。有这样爱你的爸爸，你真的是好幸福。
我爸爸确实对我不错。

陈：以我家的情况，我不需要买保险。

张：是啊，同学们都羡慕你有个好爸爸。但我觉得你爸爸最伟大的地方不是他多有钱，而是一直在支持你，做任何你想做的事情。有这样爱你的爸爸，你真的是好幸福。

陈：我爸爸确实对我不错。

张：你在国外待了那么多年，以你的观察，都是些什么样的人需要买保险呢？

陈：就是需要通过工作挣钱生活的人。如果他们遇到什么风险而不能工作的话，生活水平还是很受影响的。

张：确实是这样子，对于这样的人，保险就是他们不能工作时的收入。

张：有一点，我不太明白，你也不是那样需要为了生活而工作的人。干吗还那么拼命工作呢？

陈：说实话，我做这个工作也不是为了赚多少钱。

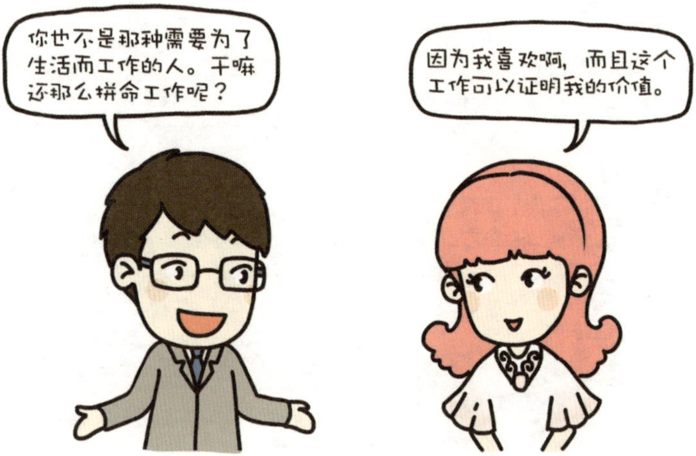

张： 那为什么呢？

陈： 因为我喜欢啊。我爸做的那些生意，我一点都不喜欢。但我擅长做其他的事情，而且还可以做得很好。

张： 所以你工作是为了证明你的价值。对吧？

陈： 对啊。

张： 向谁证明呢？

陈： 向我身边的人证明，还有我的爸爸妈妈。

张：你父母看到你现在这么能干，一定特别开心吧？

陈：当然喽，我今年过年还给了我爸妈几万元钱呢。我妈可高兴啦。

张：也就是说，你要证明不管发生什么事情，自己都可以处理得很好，不需要向爸爸要钱？

陈：争取这样，这是我的目标。

张：你知道吗？这么多年，我最佩服你的地方就是，你总是那么有自己的想法，一直都很独立。但如果现在有件事情，需要你花上百万元甚至更多，你会不会向爸爸要钱？

陈：唔……得要点儿。不过，眼下好像也没有什么事情要花这么多钱嘛。

张： 眼下确实不会，就是打个比方嘛。但是如果确实有这种可能，你是不是应该有所准备呢？这样才能真正实现你说的那个目标：不管发生什么事情，都不向爸爸要钱。

陈： 你说的这种可能是？

张： 就是你刚才说的风险，比如疾病，比如意外。虽然发生的概率很低，但毕竟是一种客观存在的可能。而且当它发生的时候，可不会选择对方是工薪阶层还是大富之家。如果你连这样的风险规划也都替自己准备好了，那才真的是向你父亲证明：你长大了，能够完完全全地照顾好自己，不管发生什么情况，你都有所准备。

如果你连疾病和意外这样的风险规划也都替自己准备好了，那才真的是向你父亲证明，你长大了，能够完完全全地照顾好自己，不管发生什么情况，你都有所准备。

所谓“自立”，就是能为自己的生活负责，能够为自己的言行买单。一个人健康的时候能够为自己负责，这本身已值得肯定。如果连生病或者有意外的时候，也能够因为之前的未雨绸缪，做到对自己负责，就更是思虑周密、难能可贵。

自立是为了自尊。最重要的是，即使自己在最无助的时候，依然保有尊严。

孩子其实并不是你们的孩子。他们是生命对自身渴求的儿女。他们借你们而生，却并非从你们而来。

——纪伯伦

故事九

心安集

先给孩子买，我的以后再说

为人父母，总想给子女提供最好的物质条件。可能给自己买东西时，还要精打细算；但在子女身上花钱，却经常毫不犹豫。

心安集

Peace of mind

舍得给孩子花钱，不舍得给自己花钱，这种消费习惯，在保险的购买过程中也会体现出来：很多父母常常优先给子女买保险，自己则是可有可无。有的父母还觉得，给孩子买保险，从费率的角度讲更划算。但是，这样的购买顺序，从整个家庭的角度讲，真的划算吗？

王大姐四十岁，有一个十岁的独生女儿。业务员小张在给王大姐做保险规划时，王大姐表示，自己年纪太大了，买保险不划算。所以先买女儿的，或者女儿多买点，自己少买一点就行。

这样的说法乍听似乎有理，但仔细推敲却有待商榷。

保险对于一个家庭来讲，首要的作用就是当风险来临，造成家庭收入中断或者带来重大经济损失时，保险因其保障功能，能够弥补这方面的损失。从这个角度讲，家庭的主要经济来源，才应该首先成为保险保障的对象。

我们来看看王大姐和小张的对话。

张：王姐，您的意思是说，您认为自己年纪大了，保费比较贵，所以少买点；女儿年纪轻，保费较便宜，所以多买点，是吗？

王：是啊！

张："可怜天下父母心"，父母总是将最好的留给子女。

张：王姐，我想请问您：您平时在购买东西时，是不是也只考虑到女儿，从不考虑自己？

王：不一定，看买什么东西。

张：什么情况下才会考虑到自己呢？

王：自己一定需要的，或者特别喜欢的。不过，都这把年纪了，特别想买的东西也不多。而且，将来女儿要用钱的地方还多着呢，自己能省就省了。

您平时在购买东西时，是不是也只考虑到女儿，从不考虑自己？
不一定，如果自己一定需要的，或者特别喜欢的，也会考虑自己。

张：说的极是。那您认为保险是不是自己一定需要的？

王：确实是有需要，不过我觉得自己没必要买那么多，给孩子多买点儿就好。

张：既然需要，就应该买的足够齐全。否则，不仅无法真正照顾到子女，到时反而会给子女增添不必要的负担。

王：为什么呢？

张：您看现在的年轻人，很多都是独生子女。他们既要承担工作的压力，要买房、买车，还要负担自己的小家庭的消费。特别是现在放开“二胎”之后，如果有两个孩子，更是压力山大。可是，这些都不是他们最大的负担。

王：那是什么？

张：最大的负担其实是双方的四位家长。如果有一位老人生病，儿女不光要花时间照顾，影响工作，高额的医疗费、看护费更让他们不堪重负。有苦难言，却又不能置之不理。如果遇到这种情况，您想，他们会不会埋怨：为什么父母在年轻时，不及早为自己多准备一些养老费用，或者是医疗、看护费用？

张： 王姐，您只有一个独生女儿，如果您不先为自己设想打算，日后难免会给您女儿造成压力。

王： 是哦……

张： 您可以在买任何东西时都以女儿为优先，唯有保险的部分要优先给自己买最齐全、完整的，不论是保障、储蓄、医疗、防癌……

王： 那如果总保费不变的情况下，女儿的保险不是太少了吗？

张： 您女儿确实也需要保险，但是她毕竟还年轻，保险可以慢慢增加。

您现在让自己拥有足够的保障额度，才是对女儿最大的保护。您给现阶段的自己做充足的风险保障，是为了确保孩子的未来不因风险的来临而受到太大影响；而您为将来的自己做足够的规划，是为了退休后不成为孩子的负担。

王： 好吧！那就听你的。

事有轻重缓急、先后顺序。“重要紧急”的排第一优先；“重要但不紧急”为第二优先；其他的事可以授权出去或不处理。

买保险如果也有优先顺序的话，主要收入来源者当然为第一优先，因为“既重要又紧急”。不过，即使是全职妈妈，虽然没有为家庭提供直接收入，但每天做饭、洗衣、照顾孩子，为家中节省开支，其经济上的重要性亦不容忽视。因此给夫妻二人充足的保障，应该是家庭风险规划中的优先考虑事项。这样做既是在转嫁工作阶段收入中断的风险，也避免了退休后成为儿女的负担。至于子女的保险，则视经济状况，适度附加在父母身上或单独投保。因为这是“重要但不紧急”的第二优先事项。

当你为错过太阳而哭泣的时候，你也要再错过群星了。

——拉宾德拉纳特·泰戈尔

故事十

心安集

莫把养老金当医疗金

伴随着中国经济的快速增长，健康成为民众日益关心的话题。

在这种背景下，健康医疗险，尤其是重大疾病保险，成为寿险公司最热卖的产品。

然而，有的时候，当客户主动投保重大疾病保险时，最终却由于身体的健康状况被拒保或者附加条件。针对这种情形，我们应该如何处理？

如何把这种无奈降到最低，尽可能满足客户准备医疗费用的需求？

心安集

Peace of mind

梁大姐是一家公司的副总， 十年前就已经投保了 50 万元保额的重疾保险，以及一份高额的养老保险，年缴保费二三十万元。

梁大姐找到业务员小张，想把重疾险的额度提高到 200 万元。但在核保过程中，她因为身体情况，遭到保险公司拒保。

面对重大疾病给人们带来的高昂医疗费和巨大的经济损失，人们通常有两种解决办法：第一种是购买足够的医疗保险，借由保险“以小博大”的特性来转移风险；第二种是自己来承担，当然前提是要有足够的经济实力，还要选择恰当的准备方式。

梁大姐希望自己重大疾病的保障额度，从目前的 50 万元提升到 200 万元。但遇到的困难是，150 万元的差额保险公司不能承保。既然这部分风险不能转移，能不能找到一种有效的方式，由自己来承担呢？

我们来看看小张是如何帮梁大姐解决这个问题的。

张：梁大姐，您在 10 年前给自己买了重大疾病保险和养老险，真是很有远见。您当时是出于什么考虑呢？

梁：就是想在年老的时候有一笔养老费，再有就是老了身体不太好的时候，肯定会有个医药费什么的，提前准备一些总是好的。

张： 这就好比说，您给自己的将来准备了一个养老账户，一个健康账户。

梁： 是的。

张：养老费和医疗费是两笔比较大的开支，您这样专门拿出一部分钱准备，就是为了将来用钱比较踏实，对吧？

梁：是啊，我比较习惯把什么事情都提前规划好。

张：那您现在又想投保，是觉得健康账户里这 50 万元的额度，应对重大疾病是不够的，应该准备 200 万元才更有把握，对不对？

梁：对的。

张：但是现在保险公司把这个重疾险的投保拒了。也就是说，如果有重大疾病发生，那超出我们现有 50 万元保障额度的部分，就要我们自己承担。

梁：是啊，这怎么办呢？

张：梁大姐，我们一起想想办法。我想请教您，如果这 150 万元我们没有提前准备，有没有可能，到时候把您养老账户的钱吃掉一大部分呢？

梁：有可能啊。

养老账户
重大疾病
健康账户

养老账户
养老险
健康账户
养老产品
重疾险

张：那如果吃掉的话，会不会影响您以后的养老品质？

梁：会。

张：既然保险公司现在不能给您承保健康险，但是可以给您承保养老险。我们不妨再做一份养老险，但是这份养老险，您不要把它放在养老账户，而是放在健康账户。也就是说，我们通过养老险产品，准备这 150 万元的医疗费。如果将来用得着，我们这笔钱早就备好了；如果那时您身体仍然健康，这笔钱还可以让您的养老品质更高。您觉得好不好呢？

梁：这个主意好。

养老金
医疗金

我们通常讲，重大疾病保险是“平常存小钱，有事给大钱，没事当存钱”。也就是说，如果没有发生重大疾病，重疾保险也是一笔存款，可以当作退休后养老金的一部分来源。反过来，养老险一样也可以成为医疗准备金。 在保险公司拒保健康险的情况下加保养老险，把加保的这部分作为自己晚年的医疗金，也不失为一种好的准备。

需要提醒的是，虽然产品的功用可以做灵活的变通，但在规划自己退休后的费用时，养老费和医疗费一定要分别计算，专项准备。这样才能避免因为准备不足，导致“花了医药费，没了生活费”的尴尬。

上帝为爱他的人所预备的，是眼睛未曾看见，耳朵未曾听见，人心也未曾想到的。

——哥林多前书

故事十一

我服从命运的安排

对于有宗教信仰的人来说，命运中的一切都是神或者上天安排好的，自己安心服从命运的安排。有的信徒认为，买保险似乎就是不服从命运的安排，这和他们的信仰有冲突。假如真的有一天，发生一些事故，因为我们没有提前做好准备而造成不可弥补的遗憾。难道这也是神对我们的安排？

心安集

Peace of mind

赵女士是业务员小张的嫂子，全家都是虔诚的基督徒。她认为基督徒的命运都是上帝安排好的，所以，有神就足够了，保险就不必了。

我们尊重每个人信仰的选择。上帝是基督徒信奉的神，《圣经》是神的呼出，是神说过的话。但是《圣经》里并没有禁止基督徒买保险的文字。那《圣经》里到底禁止的是什么？鼓励的又是什么呢？如果是我们能够借助神的话语，也就是使用他的心意来解决沟通的话，就会得到圆满的结果。

我们来看看赵女士和小张的对话。

张：嫂子，您的意思是基督徒的命运都是神安排好的，有这位神的安排就足够了，对不对？

赵：是的。

张：所以，不需要用保险的方式准备，对吧？

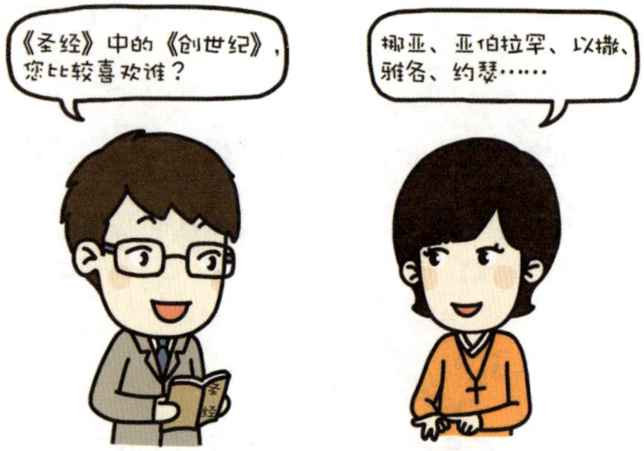

赵：不用了，有神就足够了。

张：我发现我认识的基督徒都很平和，这应该就是相信的力量。嫂子，您平常会读《圣经》吗？

赵：当然读啦。

张：我们就来谈《圣经》好不好？

赵：好。

张：你喜欢《创世纪》吗？

赵：喜欢啊。

张：其中有没有喜欢的人物？

赵：有啊，挪亚 、亚伯拉罕、以撒、雅各、约瑟……

张：很多人都喜欢雅各的第 11 个儿子，约瑟。有一段故事是他被关到监牢里，后来因为帮助法老解梦，然后就被释放了。您还记得那段吗?

赵：记得啊。法老做了两个梦：第一个梦是，他梦见七头肥壮的母牛，被七头干瘦的母牛吃掉了。第二个梦是，他梦见七棵饱满佳美的麦穗被后面七棵干瘪细弱的麦穗吃掉了。法老找了全国的解梦专家都解不出来，最后只有约瑟解梦成功了。

张：您还记得约瑟是怎么说的吗？

赵：他说梦是神的意思：七头肥壮的母牛和七棵饱满佳美的麦穗代表七个丰年，七头干瘦的母牛和七棵干瘪细弱的麦穗代表七个荒年。

张：对的，就是说埃及的未来 14 年是：前面七年是丰年，后面七年是荒年。然后法老就问约瑟应该怎么办，约瑟怎么说？

赵：约瑟认为：按神的意思，他们在七个丰年的时候，要把收成的五分之一存到粮仓里面，以防备将来的七个荒年，免得这块土地被饥荒所灭。

您觉得约瑟这样，不违背神的安排吧？
不违背，这样是符合神的心意的。

张：也就是说，要在丰年把多余的粮食存起来，以预备未来的七个荒年。那后来呢？

赵：后来法老就让约瑟管理这件事，他做了宰相。

张：嫂子，《创世纪》这段，每次看都会让人觉得很激动。你是不是觉得神在约瑟身上所做的，在埃及所做的，是一种对将来的准备，是在顺利的时候为以后的困难做的准备。对不对？

赵：对。

张：您觉得约瑟这样做，不违背神的安排吧？

赵：不违背，这样是符合神的心意的。

张：保险正是这样一种对将来的准备，是有收入的时候，为将来可能没收入时候的一种准备。您说呢？

《圣经》中并没有禁止基督徒买保险的文字。约瑟的做法，等同于在有收入的时候，为将来可能没收入的时候做准备，正符合了保险的精神。
圣经

在《圣经》中，我们还可以找到很多类似的故事：每当灾难来临时，若非神事先为他的子民准备一个安排，神的子民应该不会生存到现在。

这不就是现代的保险吗？

我们在收入比较好的时候为退休做准备，在健康的时候为不健康做准备，在顺利的时候为不顺利做准备。这既是《圣经》中倡导的，也是保险的本质。所以购买保险不仅不会违背基督教的信仰，反而是遵照神的心意。

基督教如此，其他宗教亦然。

我们都生活在阴沟里，

但仍有人在仰望星空。

——王尔德

故事十二

心安集

挖一口属于自己的井

有的工作因为职业本身的特点，通常被人们称为“青春饭”，比如理发师、程序员、网编、公关人员、运动员、时尚类记者、包装歌手影星的企宣等。这些工作需要的是年轻时的外表、体力和精力，短时间内，也常常能带来很高的收入。但是当“青春”这个重要的资源不在的时候，从业者往往需要改弦易辙，另谋出路。这种改变常常意味着风险和不确定性，伴随着收入的波动甚至一段时间的中断。

那么，有没有办法提前规划，把改变跑道带来的风险尽可能降低呢？

心安集

Peace of mind

有一天业务员小张去理发，在理发的过程中，他就和理发师小雷聊了起来。

张：小雷，剪头发剪的这么好，你们这个行业有没有一个工作的期限？

雷：有啊，等我干到四十多岁，站不动的时候，我就不能剪头发了。

张：那以后怎么办？

雷：没细想过，不知道。

张：你一天能剪几个人的头发？

雷：好的时候，一天能剪二十多个，差的话有十几个吧。

张：你剪一次头发可以赚多少钱？

雷：三十到五十不等。

张：假设你一天剪二十个人头发，有没有可能把其中三四个人的收入，放在另外的地方。

雷：为什么呢？

张：我讲个故事给你听，好吗？

从前有两个和尚，他们住在相邻的两座山，一座在东面，一座在西面。两座山中间的山谷里有一条小溪，他俩每天都会在同一时间来到溪流边打水，每人每天都挑两桶水。因为他们每天都会见面，所以成为了好朋友。

不知不觉过了 10 年。有一天，东边的和尚来打水，发现西边的和尚没有来。他想：可能是西边的和尚今天睡过头了。可是第二天，西边的和尚还是没有下山来挑水。第三天，第四天……一星期过去了，西边的和尚都没有下山挑水。

一直过了一个月，东边的和尚终于受不了，他想：我这个老朋友是不是生病了，我应该去看看他。于是，他就去了西边的那座山，去探望他的老朋友。

等他到了西边寺庙里的时候，他大吃一惊，因为他的老朋友正在庙前打拳，一点也不像一个月没有水喝的样子，这是怎么回事呢？

东边的和尚就好奇地问西边的和尚："你已经一个月没有下山挑水了，难道你不用喝水吗？"

西边的和尚说："来，我带你去看看。"

于是他带着东边的和尚走到寺庙的后面，指着一口井说：“我这十年来，每天挑完水都会抽空在这里挖这口井。即使有时候很忙，也会坚持挖一会儿。如今水井挖好了，我就不必下山挑水了，我可以有更多的时间练我喜欢的功夫了。”

张：这个故事里的“挑水”就像我们每个月所领到的薪水，薪水领的再多，那都是在“挑水”。但总会有一天，我们年纪大了，挑不动水了。如果我们没有给自己挖一口属于自己的井，那个时候我们还有水喝吗？

最好的方法就是像西边的和尚一样：在年轻的时候，他额外地付出了一些劳动和精力，挖了一口属于自己的井。从此，他就能够很悠闲地享受他的生活。

雷：哦，我明白了。你的意思就是说，我每天把给三四个人剪头发的收入拿出来，或者每天多剪三四个人的头发，把这个收入存起来，就好像给自己挖了一口井一样，到时候这口井会为我供应源源不断的水喝。

张：对啊，这就是养老险的功用。把年轻时的一部分收入，以“专款专用”为目的存起来，保证年老的时候仍能有比较好的生活。至于你存多少年、每年存多少，就要看你希望退休以后过希望过什么样的生活。不过有一点是肯定的，就是越早准备越轻松。

“挖一口属于自己的井”，这个故事不仅适用于“吃青春饭”的行业，对很多年轻人同样有借鉴意义。从职业发展的角度讲，在年轻时，花额外的时间积累更多的知识、经历和资源，是为自己未来的转换跑道或者创业做准备。从投资理财的角度讲，在收入较高的时候，拿出一部分配置恰当的金融资产，是为自己未来的生活费和养老金做准备。

当别人在休息的时候，悄悄地挖一口“属于自己的井”，这是年轻的自己给年老的自己的最好礼物。

人生最终的价值在于觉醒和思考的能力，
而不只在于生存。

——亚里士多德

故事十三

心安集

别人的故事，自己的事故

在移动互联网时代，我们似乎有更多的机会接触负面的社会新闻。每当我们看到或听到类似的事故，常常会问自己：“如果我是当事人，我会怎么办？”如果是买过保险的，可能还会问：“如果我遇到这种事情，保险公司会赔我多少钱？”

心安集

Peace of mind

有一天，小张接到自己的老客户郭女士的电话。郭女士在几年前通过小张买过保险。后来小张再找她谈保险，都没有约出来。因为郭女士觉得自己已经买过了，没有必要再买了。但是那天，郭女士却主动在电话里问小张：如果自己有什么情况，保险公司能够赔自己多少钱。

国际寿险行销研究协会（LIMRA，Life Insurance Marketing and Research Association）曾做过一次调查。其中有一项是对已成交客户进行调查：当你购买了保险以后，你最关心的是什么？

百分之八十以上的回答是：我很想知道，如果真有什么事情发生，我会得到哪些理赔上的服务？

这个调查结果反映出一个重要的信息——保险并不是购买完就万事大吉，定期进行保单体检，了解自己的保单利益，并根据自己的需要做调整，才能让保单提供的利益跟上自己人生阶段性的变化。

小张接到郭女士的电话后，就跟她约了一个见面的时间，并请她带上自己家庭的全部保单。

我们看看他们见面时的对话。

张：郭姐，您一直很忙，怎么会突然想起给我打电话问保险的事情呢？

郭： 是这样，我一个同事的姐姐，“小长假”开车出去，然后在高速公路上就出事了。我在她朋友圈还看过她姐姐的照片，这事太让人不能接受了，那么年轻，怎么就会…….唉！我就想着，如果这种事万一让我给赶上，也不知道保险公司能赔我多少钱?

张： 原来是这样。一般当我们看到身边的人发生一些事故时，通常都会有代入感，都会想象如果自己是当事人会怎么样。这也再次证明，您做事情真的是很周全，就像您几年前会给自己和家人买保险一样。

郭： 所以我就想让你给我看看，如果有类似的情况发生在我身上，到底保险公司能给我赔多少钱？

张：好的，没问题。我今天给您做一个保单体检。

郭：体检？

张：对的。就像我们的身体需要每年做体检一样，我们家庭购买的保单也应该定期做体检，检查我们的保单利益，确保保障额度能够满足家庭的阶段性变化。您今天把您家里的保单都带来了吧？

郭：带来了，都在这儿。

张：我们先来核对下您个人的保单，待会儿再看您先生和孩子的……您除了这几份商业保险以外，还有没有单位给您上的团体险?

郭：有，我们单位有。但是具体都保了什么，我也记不太清楚了。

张：没关系，这个您可以回头找您单位的人力资源部去确认一下。您可以参照这个表格的信息，确认一下您单位的团体险能够提供的身故、意外、重大疾病这三方面的保额分别是多少，以及除此之外还有没有其他的保障利益。

郭：好的。

张：今天，我们重点要核查的是您购买的商业保险。我们按照这个表格，来逐一核对您现在持有的每一张保单。以后我们会定期更新这个表格里的内容，这样您就可以对所有保单的利益一目了然，同时可以根据您的需求来做调整。

郭：好的，那我们就开始吧。

保单体检表

姓名：　　　　　　　　　　　　日期：

保单名称	投保人	被保险人	受益人	保障期限	年缴保费	缴费日期	基本保额	保单利益

- 年缴保费合计 ________________ 元

- 累计寿险身故保额 ________________ 元
- 累计意外身故保额 ________________ 元
- 累计重大疾病保额 ________________ 元

- 累计贷款额度 ________________ 元
- 未来十年生活费预估 ________________ 元
- 子女教育金预估 ________________ 元

在人生的不同阶段，作为个人，作为家庭，保险的需求方向和需求额度都是不一样的：

单身时，购买保险主要是因为对父母的责任；

结婚生子，增加了对配偶、孩子的责任；

买房买车，如果有贷款发生，保障额度要与贷款额度相匹配；

如果因为工作变化，出差频率增加，意外保障的额度也有适度提高的必要；

中年以后，教育金、养老金要提上日程，

收入增加，身价提高，保险额度应该伴随着生活品质的提升而调整。

联系您身边的寿险顾问，定期和他一起进行保单体检吧！及时调整自己所持有的保险产品的种类和额度，根据自己不同时期的财务需求，量身定制妥帖的保险计划。 这样才能让您已经购买的保单实现它们的价值，为您的家庭保驾护航。

不乱于心，不困于情。不畏将来，不念过往。如此，安好。

——丰子恺

后记

心安集

面对焦虑，如何买一份心安？

心安集

Peace of mind

后记

如何买一份心安

当我先后有了两个孩子时，我开始变得很怕死。最初的几年，孩子一生病，我就很紧张，生怕是什么大毛病。我更害怕自己生病，一有头疼脑热，就会脑洞大开地想，自己是不是出了什么大问题。这种不安全感不断扩大，蔓延到生活中很多方面。我变成一个焦虑的妈妈，敏感易怒，患得患失。

这个状态很不好，于是我想通过学习来改变。随后便是一个漫长的心灵成长的过程。在这个过程中，不断地思考和内省，让我越来越理智地认识到一件事——既然死亡不可避免，我能做的就是：当它真正来临的时候，让自己和自己所爱的人，尽可能地没有遗憾。

没有遗憾，首先就从珍惜当下开始。

我开始认真对待和家人、孩子每一刻的相处，不仅仅是空间上的陪伴，更重要的是，把手机放在一边，给他们全然的、心灵的陪伴。我列出自己的愿望清单，开始有步骤、有顺序地实现它们，不再一拖再拖地等以后再说。我也因此再次思考“保险”这件事。

虽然一毕业就在保险公司工作，但很长一段时间来，“保险”对我而言，只是我的专业，或是一种知识。但当婚姻、孩子给了我在这个世界上更多的牵挂时，我开始真正意识到：所谓不留遗憾，要想在经济层面上实现，很大程度上要依靠保险。通过这种方式，如果有一天，我真的不能照顾我的孩子时，起码我知道，我为他们在物质上做了足够的安排。

有一次坐飞机出差，飞机突然在高空中遇到强烈气流，紧接着就是我从来没有感受过的大幅度颠簸，仿佛心脏都要被颠出来。

当飞机终于平稳下来，我可以冷静思考的时候，回想起刚才最紧张的一刻，自己似乎没有害怕，也没有太多遗憾，当时脑子中只是快速地盘算着自己买了多少保险。

那时我发现，焦虑感在慢慢地离我远去。即使是如此近距离地感受危险，过往内心的修炼和经济上的安排，也让自己变得淡定许多。

去年，我曾经的老师李永坤先生来找我。他是一个在保险行业从业二十多年的老教练，这么多年只专注做训练这一件事。他找我，希望我能协助他，继续把正确的保险观念，通过有效的训练方式传递给更多人。

于是，我们开始合作。

在训练中，我们接触到了很多学员提供的案例。透过这些案例，我们看到了作为繁忙的现代都市人，在他们坚硬的外壳下隐藏着的各种焦虑、紧张和无奈。

这也让我越来越看到自己工作的意义：不仅是帮助保险的销售人员更好地完成销售工作，更重要的是帮助更多人用科学的方式转移自己的家庭风险。在这个保障体系还不够健全的今天，在负面新闻此起彼伏的互联网时代，用经济的手段，适度而有效地缓解自己的不安。

于是，我们选出其中一些有代表性的案例，改编成故事，集结成册，取名“心安”。

相比消极地怕死或怕生病，购买保险是一种积极主动的行为表现。让我们不会带着任何遗憾卧病在床，也不会带着许多“来不及”的心情离开人世。购买保险不是责任的结束，而是履行家庭责任的开始；不是对别人交代，而是对自己交代。当你发现，即使最坏的事情发生，你也已经为最爱的人做好了安排时，是不是会因此少一点焦虑，多一份心安呢？

在此，我要感谢徐文迪小才女绘制的精美插图，让这些内容能够更生动地呈现给大家。

感谢化学工业出版社的各位小伙伴的设计和排版，给这些文字穿上了美丽的外衣。

更感谢各位亲爱的读者，希望这些小故事，能够给您一些帮助和思考。

无论用什么方式，当那颗不安的心渐渐稳定下来时，幸福就会浮现。

一丁

2016年4月15日

（本书中所有故事中的人物姓名均为化名，如有雷同，纯属巧合）

此心安处是吾乡。

——苏轼